Séance du 29 novembre 1895

ORGANISATION DE MADAGASCAR

RAPPORT DE M. CLADIÈRE.

NEVERS,

G. VALLIÈRE, IMPRIMEUR.

Place de la Halle et rue du Rempart.

1895

Séance du 29 novembre 1895.

ORGANISATION DE MADAGASCAR

RAPPORT DE M. CLADIÈRE.

NEVERS,

G. VALLIÈRE, IMPRIMEUR.

Place de la Halle et rue du Rempart.

1895

Séance du 29 novembre 1895.

ORGANISATION DE MADAGASCAR.

RAPPORT DE M. CLADIÈRE.

Notre expédition de Madagascar vient de se terminer victorieusement pour nous.

Honneur à l'armée française ! En arborant de nouveau le drapeau national à Tananarive, elle a démontré aux Malgaches que ce n'est pas impunément qu'on se moque de la France et des engagements qu'on a avec elle.

Nos braves soldats ont vaillamment servi la mère-patrie. Notre gouvernement doit maintenant s'occuper de l'organisation, de telle façon que les hommes et les millions que nous coûte notre conquête n'aient pas été sacrifiés en pure perte.

Le Parlement va avoir à examiner s'il doit ratifier le traité passé avec la reine Ranavalo III, tel qu'il est présenté.

Au point de vue commercial, les Chambres de commerce ont le devoir de donner leur avis. On connaît assez le pays, son climat, son administration, ses habitants ; il faut régler ses actes en conséquence.

On sait que Madagascar est l'une des plus grandes îles de la terre ; elle a été mentionnée au treizième siècle par Marco Polo, mais ce n'est qu'en 1506 qu'elle fut découverte et visitée par un amiral portugais.

En 1642, une compagnie française, ayant à sa tête le

Dieppois Rigault, s'y établit. Son entreprise fut de courte durée, une autre lui succéda. En 1672, tous les Français furent égorgés par les indigènes. Une nouvelle tentative de colonisation échoua en 1767.

De 1773 à 1786, le célèbre aventurier Beniowski, qui en fut en quelque sorte le souverain, offrit à la France la meilleure occasion de se l'annexer ; elle ne sut pas en profiter.

De 1789 à 1815, divers incidents et le sort de nos armes avec les Anglais permirent à ces derniers d'y exercer la prédominance.

En 1810, le roi Radame Ier travailla sérieusement à introduire dans ses États la civilisation européenne. Il accepta les services anglais pour y abolir la traite, les sacrifices humains et y introduire le christianisme. La marche civilisatrice fut complètement arrêtée en 1828. Il mourut empoisonné par sa femme, qui fit aussi périr tous ses parents et exerça le plus sanglant despotisme. Elle a eu pour ministre un ancien commis marchand français, La Satelle, qui, à partir de 1830, exerça une heureuse influence sur nos affaires commerciales et industrielles.

Mais, à partir de 1835, la reine prohiba le christianisme, expulsa les missionnaires, interdit tout commerce avec les Européens, qu'elle persécuta cruellement. Cet état de choses décida les Français et les Anglais à entreprendre de concert, en 1845, une campagne contre Madagascar. Ils échouèrent et ne furent pas tentés de commencer une autre expédition.

Les relations reprirent en 1853. Les Français Lastelle, Laborde et Lambert parvinrent à prendre une grande influence sur l'esprit de la reine. Ils furent contre-carrés par les manœuvres anglaises. Les relations, de nouveau rompues, ne reprirent qu'à la mort de la reine Ranavalo Ire.

Le prince Racoute, qui lui succéda, était bien disposé en faveur de la France. Il fut assassiné en 1863. Sa veuve, la reine Rashoérine, donna la préférence aux Anglais, qui obtinrent d'elle un traité en leur faveur. Elle mourut en 1868.

Sa nièce, Ranavalo II, lui succéda, et conclut avec les

Français le traité du 4 août 1868, qui, entre autres faveurs, accordait aux étrangers le droit de posséder des terres (art. 4). La teneur de cette clause fut une des principales causes de l'expédition de 1883-1885.

Arriva notre année néfaste de 1870. Les Anglais en profitèrent pour renouveler leurs basses intrigues, qui aboutirent à faire méconnaître les traités. En effet, en 1881 parut le fameux code malgache ; nous ne parlerons que de trois articles :

« Art. 85. — Les terres malgaches ne peuvent être vendues ni hypothéquées aux étrangers, ni à qui que ce soit, excepté aux sujets malgaches. Les contrevenants seront condamnés aux fers à perpétuité ; le prix de la vente ne pourra être réclamé et la terre retournera au gouvernement.

» Art. 86. — A peine de nullité, tous actes donnant à bail des terres devront être soumis aux autorités pour être certifiés, recevoir le sceau du gouvernement et être copiés sur les registres publics.

» Art. 90. — Celui qui consentira au bail secret, sans se conformer aux prescriptions de l'article 86, sera condamné à vingt ans de fers, le bail sera nul et toutes sommes versées reviendront au gouvernement. »

Nos justes protestations ne furent pas écoutées. On se contenta de répondre qu'il y avait eu erreur de traduction dans les textes français et anglais ; que les coutumes et les traditions nationales ne permettaient pas de reconnaître aux Européens le droit de posséder des terres à Madagascar.

Le conflit fut envenimé par la spoliation des héritiers de M. Laborde, qui, sous la foi des traités, était devenu propriétaire de biens fonciers considérables. Après des négociations infructueuses, il fallut avoir recours aux armes. Nos forces étaient insuffisantes ; néanmoins, on se souvient, entre autres faits glorieux accomplis par nos soldats, que le capitaine Pennequin, avec 120 hommes, dans l'affaire de Befatine, mit en fuite 2,000 Hovas. Il fut mis aux arrêts pour avoir pris l'offensive. *Dura lex sed lex.*

L'amiral Miot arriva devant le fort de Farafate, mais il avait ordre de rester sur la défensive ; sous le feu de l'ennemi, il lui fallut battre en retraite et se replier sur Tamatave. C'est dans de telles conditions qu'on fit la paix et qu'on signa le traité du 17 décembre 1885. Ce traité admit les prétentions du gouvernement malgache, et les Français n'ont plus eu que le droit de louer des terres par baux emphytéotiques. L'Angleterre, l'Amérique, l'Allemagne se sont contentées du même droit. Ni les uns ni les autres n'ont pu en user, tant ont été grandes les difficultés suscitées par les Hovas.

A cette même époque, attirés par le traité qui permettait de croire à une paix durable, les Européens sont venus en plus grand nombre à Madagascar, où ils ont été mieux reçus par le peuple, qui comprenait bien qu'il n'avait que des avantages à retirer par de bonnes relations avec eux. Il était, au surplus, fatigué du redoublement d'abus et d'exactions de son gouvernement ; un changement de maître l'effrayait beaucoup moins. La tactique des chefs, au contraire, a toujours été d'éloigner les étrangers ; ils se sont acharnés à la lutte par crainte de la perte de leurs priviléges.

Le traité du 17 décembre 1885 reposait sur des bases d'autant moins solides que le premier ministre, qui tient dans ses mains toute l'omnipotence, savait bien, par expérience, que nous n'étions pas en force pour faire respecter nos droits, protéger nos nationaux et nos établissements, lutter contre son astuce et sa duplicité.

Le 4 décembre 1886, l'emprunt de 15 millions par les Malgaches à la France fut pour notre résident, M. Le Myre de Vilers, une belle victoire politique remportée sur les Anglais. Mais, insuffisamment armé, il quitta Madagascar en 1889· M. Bompart le remplaça ; la tranquillité ne dura pas plus d'un an.

En 1890, l'Angleterre et l'Allemagne reconnurent officiellement le protectorat de la France à Madagascar. Cette reconnaissance a-t-elle une valeur sérieuse ?..... Quoi qu'il en soit, elle réveilla dans toute l'île les sentiments d'hostilité à notre égard. Notre nouveau résident dut partir à son tour en 1892. On lui donna comme successeur M. Larrouy, qui n'avait ni les ressources, ni les moyens de mieux faire que ses prédécesseurs.

Entre temps, les Hovas se livraient envers nous au pillage, à l'incendie, à des vexations de tous genres ; ils faisaient facilement des armements. Nous n'avions à leur opposer que des remontrances platoniques. M. Larrouy, découragé, demanda son rappel.

En septembre 1894, M. Le Myre de Vilers fut chargé d'une nouvelle mission à l'effet de provoquer du gouvernement hova une explication définitive sur toutes nos difficultés avec lui. Il était accompagné de M. Ranchot. Malgré tout, les attentats des Malgaches contre les Français redoublèrent avec une cruauté inouïe ; le traité était foulé aux pieds avec le cynisme le plus audacieux ; l'ultimatum de notre envoyé fut repoussé avec impertinence ; il quitta Tananarive, c'était le signal de la guerre.

Le sol de Madagascar est divisé en quatre classes de propriétaires : 1° Le souverain. — Théoriquement, tout le pays lui appartient, puisqu'il est le maître de la vie et des biens de ses sujets ; mais, dans la pratique, il n'exerce son droit que sur les terres lui appartenant en propre. Il n'est pas utile de parler des autres classes.

La reine actuelle, Ranavalo III, est âgée de trente-six ans. Elle ne gouverne pas en vertu d'une constitution ; on ne la consulte même pas. C'est le premier ministre qui exerce le pouvoir de la façon la plus tyrannique. Il a sous sa dépendance les gouverneurs des tribus ; la même en a souvent plusieurs qui s'espionnent entre eux. Toutes relèvent du gouvernement hova.

Les fonctionnaires, y compris le premier ministre, ne sont pas payés ; ils tirent de leur situation tout le parti qu'ils peuvent et par tous les moyens, avouables ou non. Sur les concessions assez peu nombreuses accordées aux étrangers, ils prélèvent une redevance qui n'est pas tarifée. Il en résulte que lorsqu'on ne peut satisfaire leurs exigences plus qu'usuraires, la concession est anéantie. La justice elle-même est rendue en faveur de celui qui la paye le plus cher, soit en argent, soit en nature, et souvent le juge s'attribue l'objet du litige.

Les idées religieuses sont presque nulles chez les Malgaches ; chez eux, il n'y a ni foi ni reconnaissance. Si les missionnaires anglais y ont acquis une importance plus grande que la nôtre , c'est moins au point de vue religieux qu'au point de vue politique qu'ils ont su exploiter plus opportunément et plus habilement que nous.

Cette rapide revue de l'histoire de Madagascar depuis près de quatre siècles nous a paru indispensable pour apprécier comment notre autorité doit aujourd'hui y être exercée.

Il nous faut parler maintenant des relations économiques que nous pouvons avoir avec Madagascar. Nous avouons que nos connaissances personnelles ne nous auraient pas permis d'examiner cette face importante de la question. Nous avons suivi le conseil donné le 11 juin 1895 par M. André Lebon, ministre du commerce, et nous avons trouvé dans le *Bulletin* du Comité de Madagascar des renseignements instructifs et utiles destinés, au surplus, à être portés à la connaissance du public, afin qu'il puisse en bénéficier. Sous forme d'annexe, nous les reproduisons textuellement à la fin de ce rapport, cela vaudra mieux que tout ce que nous pourrions dire.

La partie historique nous a appris à qui nous avions affaire ; nos extraits du *Bulletin* du Comité de Madagascar nous feront connaître les difficultés provenant du climat ou de la nature du sol, sur quoi nous pouvons compter ou espérer. Nous nous contenterons de rappeler que du côté minéral, végétal, animal, commercial et agricole, le pays offre de grandes ressources, mais qu'en face se présentent des embarras pour en tirer parti.

Les plus gros empêchements pour coloniser proviennent surtout de l'organisation politique, vis-à-vis de laquelle il faut agir, de manière à donner satisfaction à notre amour-propre national, à nos intérêts légitimes, non pas en conquérants renversants, mais en sages vainqueurs.

Dès avant la guerre, on a escompté la victoire et discuté longuement sur le régime qu'il convient d'appliquer à Madagascar : annexion ou protectorat.

Annexion. — Implique le droit d'autorité absolue, le droit complet de commandement, la substitution pleine et entière du pouvoir du vainqueur à celui du vaincu. Pour l'exercer, il en coûte toujours, surtout dans un pays non civilisé, des sacrifices en hommes et en argent bien plus pénibles et plus considérables que ceux accomplis pour l'obtenir.

Protectorat. — Si on s'en tenait en matière politique à la signification grammaticale : situation d'un gouvernement à l'égard d'un autre gouvernement moins puissant auquel il prête son appui, la mise en œuvre de cette dénomination de notre droit de puissance sur Madagascar ne répondrait assurément pas au besoin légal de faire prévaloir les prétentions de la France.

En fait, le nom qu'on donnera à la suprématie que nous devons avoir à Madagascar importe peu, car l'annexion peut être violente ou modérée, le protectorat excessif, ferme ou tempéré. Volontiers nous opterons pour le mot protectorat, parce qu'il est moins rigoureux, qu'il habituera petit à petit les Malgaches à notre loyale autorité et qu'il est bien plus économique que l'annexion. Si en droit politique très-strict il ne consacre pas d'une façon absolue notre droit de puissance, ne perdons pas de vue qu'il serait impossible de remplacer brusquement un pouvoir des plus despotiques et encore barbare par un autre dont la modération doit suivre une marche raisonnée qui nous amènera par la logique et notre mode d'administrer au changement de nom, du consentement amiable des Malgaches eux-mêmes.

Admettons, et nous souhaitons, qu'on choisisse le protectorat, la première chose à faire est de savoir si le traité proposé nous offre les avantages auxquels nous avons droit, les garanties que nous devons exiger. Nous en reproduisons le texte :

« Art. 1er. — Le gouvernement de S. M. la reine de Madagascar reconnaît et accepte le protectorat de la France avec toutes ses conséquences.

» Art. 2. — Le gouvernement de la République française sera représenté auprès de S. M. la reine de Madagascar par un résident général.

» Art. 3. — Le gouvernement de la République française représentera Madagascar dans toutes ses relations extérieures.

» Le résident général sera chargé des rapports avec les agents des puissances étrangères ; les questions intéressant les étrangers à Madagascar seront traitées par son entremise.

» Les agents diplomatiques et consulaires de la France en pays étranger seront chargés de la protection des sujets et des intérêts malgaches.

» Art. 4. — Le gouvernement de la République française se réserve de maintenir à Madagascar les forces militaires nécessaires à l'exercice de son protectorat.

» Il prend l'engagement de prêter un constant appui à S. M. la reine de Madagascar contre tout danger qui la menacerait ou qui compromettrait la tranquillité de ses Etats.

» Art. 5. — Le résident général contrôlera l'administration intérieure de l'île.

» S. M. la reine de Madagascar s'engage à procéder aux réformes que le gouvernement français jugera utiles à l'exercice de son protectorat, ainsi qu'au développement économique de l'île et au progrès de la civilisation.

» Art. 6. — L'ensemble des dépenses des services publics a Madagascar et le service de la dette seront assurés par les revenus de l'île.

» Le gouvernement de S. M. la reine de Madagascar s'interdit de contracter aucun emprunt sans l'autorisation du gouvernement de la République française.

» Le gouvernement de la République française n'assume aucune responsabilité à raison des engagements, dettes ou concessions que le gouvernement de S. M. la reine de Madagascar a pu souscrire avant la signature du présent traité.

» Le gouvernement de la République française prêtera son concours au gouvernement de S. M. la reine de Madagascar pour lui faciliter la conversion de l'emprunt du 4 décembre 1886.

» Art. 7. — Il sera procédé, dans le plus bref délai possible, à la délimitation des territoires de Diégo-Suarez. La ligne de démarcation suivra, autant que le permettra la configuration du terrain, les 12° 45 de latitude sud. »

Ce traité est assurément préférable à celui de 1885, mais aussi les circonstances sont bien différentes ; cette fois, nous sommes réellement les vainqueurs. Néanmoins, nous y voyons des lacunes qu'il faut combler sans attendre davantage.

Il vaudrait mieux terminer le 2° § de l'article 4 par ces mots : Ou qui compromettrait la tranquillité de l'île (au lieu de : ses États).

Libeller la fin du 2° § de l'article 5 par ce membre de phrase : Ainsi qu'au progrès de la civilisation, au développement économique de l'île, notamment en ce qui touche les finances, l'agriculture, le commerce et l'industrie.

Nous verrions avec la plus vive satisfaction que la France fît insérer dans le traité que l'esclavage, qui subsiste encore à l'état privé, sera complètement aboli. Elle donnerait là une première et éclatante preuve de son influence protectrice et civilisatrice. Tous les esclaves, étant émancipés, seraient autant de sujets dévoués à leur libératrice. On nous dira peut-être que l'engagement pris par S. M. la reine de Madagascar, dans l'article 5, de procéder aux réformes utiles au progrès de la civilisation permettra d'arriver au but que nous visons. Nous maintenons qu'il appartient à la France de compléter à Madagascar, par une clause spéciale dans le traité, l'œuvre humanitaire commencée par les Anglais (1), en renversant les barrières qui existent encore entre l'esclave et l'homme libre.

Il est très-bien que le gouvernement de la République française n'assume aucune responsabilité à raison des engagements, dettes ou concessions que S. M. la reine de Madagascar a pu souscrire avant la signature du présent traité. Sans nul doute, cela signifie que les Français seront absolument libres de faire signer par le gouvernement malgache, selon les convenances actuelles, un réglement pour les importations et les exportations de Madagascar. Il aurait été encore mieux que cela eût été expliqué en termes plus précis, et que d'ores et déjà il fût bien convenu qu'au point de vue douanier les Français seraient traités à Madagascar comme dans leur métropole.

Il n'est pas du tout question de l'organisation judiciaire; c'est pourtant un point essentiel qui devrait être prévu dès maintenant.

Les malgaches nous doivent sans conteste une indemnité de guerre; là-dessus le traité est complétement muet.

Nos nationaux, qui ont été victimes de leurs attentats et de leurs déprédations, ont droit aussi à de justes réparations; on n'en parle pas davantage. Le traité de 1885 réglait ce point par son article 8. Nous voudrions bien savoir si on a entendu régler ces deux situations au moyen du dernier membre de phrase du § 1er de l'article 6........ et le service de la dette seront assurés par les revenus de l'île ?

Enfin, le droit pour les Français, de même que pour les étrangers, de posséder des terres à Madagascar n'est même pas mentionné dans le traité, pas plus que celui d'en avoir la jouissance au moyen de baux à des conditions déterminées d'avance. Nous avons conquis Madagascar et nous n'aurions pas le droit d'y posséder un are de son terrain !

A quoi servent les leçons du passé ? Quelles garanties

____

(1) On se souvient que le traité a été supprimé avec l'appui de l'Angleterre.

d'avenir auront donc ceux qui voudront encore s'y aventurer? Ils seront exposés comme avant à être volés et assassinés à notre premier moment de faiblesse, d'inattention ou de relâchement. A brève échéance, la porte reste ouverte à d'autres contestations, probablement à une autre guerre si on laisse les choses en l'état.

Le traité a du bon, mais il est insuffisant. Qu'on n'oublie pas que nous avons affaire à un peuple, ou plus exactement à un gouvernement despotique, d'astuce et de duplicité, qui momentanément consentira à nous laisser établir chez lui, à lui apporter le concours de notre activité de notre intelligence et de nos capitaux, mais avec l'intention bien arrêtée de nous dépouiller encore à première occasion.

Il est possible que dans l'esprit français on ait pensé que les mots « développement économique » voulaient tout dire ; qu'on soit bien persuadé qu'il n'en est pas de même dans l'esprit malgache. Plus malins que nous, les ministres hovas ont toujours su tirer parti des fautes de notre gouvernement, de nos moyens impuissants jusqu'à ce jour à entraver leur barbare indépendance.

Nous avons suivi les événements de Madagascar avec une attention bien naturelle ; nous avons lu avec le plus grand intérêt l'ouvrage si attrayant et si instructif de M. Martineau, dans lequel il relate cette expression pittoresque et topique du premier ministre hova : « Les Français sont des chiens qui aboient, mais qui ne mordent pas. »

Le plus souvent nous avons partagé les mesures de prudence, les moyens de conciliation du gouvernement français.., Ne serait-il pas temps de mordre un peu ?

Jusqu'à présent, l'agriculture, le commerce et l'industrie n'ont jamais été en proportion de l'étendue de l'île de Madagascar et de sa population. Pour les élever au degré qu'ils sont susceptibles d'atteindre, il faut compléter le traité en y introduisant nettement et explicitement toutes les causes dont nous venons de signaler l'absence. Sans elles, notre conquête deviendra bien vite une illusion plus grande et plus amère que toutes celles que nous avons éprouvées depuis que pour la première fois nous avons abordés dans l'île de Madagascar.

Extraits du bulletin du Comité de Madagascar.

Quels sont les animaux que l'on peut élever à Madagascar ? — Peut-on y avoir des bœufs, des moutons, des chèvres, des chevaux, des ânes, des mulets, des chameaux, etc. ?

Bœufs. — Les bœufs sont nombreux à Madagascar, particulièrement à l'intérieur, dans l'Imérina, le Betsileo et la région du lac Alaotra ; sur la côte orientale, aux environs de Vohémar, Manomjary et Fort-Dauphin ; sur la côte ouest, dans le voisinage de Majunga et surtout dans tout le Ménabé, qui est la région la plus riche en gros bétail.

Les bœufs de Madagascar sont des zébus ou bœufs à bosse. Ils sont de petite taille et dépassent rarement le poids de 300 kilogrammes dans le centre et dans l'est, mais dans l'ouest ils sont plus beaux et plus gros. La race est rustique et n'a pas besoin de grands soins. Les animaux restent toujours dehors, même pendant la saison des pluies.

Quelques reproducteurs de races européennes ont été introduits ; ils s'acclimatent aisément, pourvu qu'ils soient bien soignés, et, par le croisement, donnent de bons produits.

Les bœufs de Madagascar sont exportés en grand nombre à Maurice et à la Réunion. Dans les ports d'embarquement, ils se vendent 40 à 50 fr.; à l'intérieur, le prix est seulement de 25 à 30 fr. Les bœufs qui dépassent ce prix sont des animaux de choix engraissés pour la consommation locale.

Jusqu'à présent l'élevage du bétail a été fait exclusivement par les indigènes. Les colons qui l'entreprendront pourront réaliser de sérieux bénéfices quand ils ne seront plus, comme par le passé, exposés à des vols fréquents.

Les bœufs n'ont été jusqu'ici employés qu'exceptionnellement pour le trait ou comme porteurs. Même imparfaitement dressés, ils ont rendu de grands services à la colonne qui est descendue de Tananarive à Majunga en novembre dernier ; ils en rendront de plus grands dans l'avenir, quand ils seront habitués à porter des fardeaux, et surtout quand on aura établi de bonnes voies de communication.

Moutons. — Les moutons de Madagascar appartiennent à la race steatopyge à grosse queue. Ils n'ont pas de laine et fournissent une viande sèche, coriace et désagréable par son odeur.

Les moutons sont surtout nombreux dans le massif central ; ils se vendent 1 fr. 25 à 2 fr. 50, et ne valent ce prix qu'à cause de leur peau, qui est un article d'exportation. La région orientale ne leur convient pas, à cause de sa trop grande humidité.

Des essais pour l'introduction de moutons d'autres espèces ont été faits à diverses époques, aux environs de la capitale, et ont donné d'assez bons résultats. Il serait nécessaire de les reprendre pour arriver à remplacer par une autre race la race indigène qui est absolument défectueuse.

Chèvres. — Les chèvres vivent bien à Madagascar. On en trouve surtout dans l'Imérina, le Betsileo et les provinces de l'ouest. La chair entre dans l'alimentation indigène et est assez bonne ; la peau est exportée principalement en Angleterre, où elle est employée dans la cordonnerie

Chevaux. — Quoiqu'on ait dit le contraire au commencement de l'expédition, les chevaux peuvent vivre à Madagascar, malgré les herbes soi-disant vénéneuses, les caropates et les mouches. Il y en a depuis longtemps à Tananarive particulièrement, où ils servent de monture à des officiers hovas et à des Européens.

Si jusqu'à présent ils n'ont pas été plus nombreux, c'est parce qu'ils étaient, pour ainsi dire, inutilisables. Les routes ne permettaient que rarement la circulation à un cavalier et presque jamais à une voiture. Quand il y aura des routes, comme celle que le génie exécute en ce moment dans le voisinage de Majunga, les chevaux pourront servir ; leur élevage deviendra certainement une opération lucrative pour ceux qui l'entreprendront, à condition qu'ils possèdent la compétence nécessaire. Il ne faut pas oublier qu'à Madagascar, comme partout, les chevaux ont besoin d'une bonne nourriture et d'un bon pansage, qui est particulièrement indispensable dans les régions chaudes de l'île pour maintenir le poil propre et les débarrasser de certains parasites qui, sans compromettre leur existence, peuvent altérer gravement leur santé.

Mulets, ânes. — Les mêmes observations s'appliquent aux mulets et aux ânes qui, les uns et les autres, vivent bien à Madagascar, pourvu qu'on leur donne quelques soins.

Les ânes ont été jusqu'à présent en petit nombre. En raison de leurs habitudes rustiques et de leur prix peu élevé, ils pourraient, à ce qu'il semble, rendre de sérieux services aux indigènes et aux colons.

Chameaux. — Il n'y a jamais eu de chameaux à Madagascar et il n'y a pas de raisons pour essayer d'y introduire ces animaux,

Volailles. — Toutes les volailles d'Europe sont acclimatées à Madagascar, et sont élevées, en grande quantité, jusque dans les villages les plus reculés. Partout on trouve des poules, des dindons, des canards, des oies, des pigeons, des pintades d'Afrique. Il y a aussi une espèce de pintade qui vit à l'état sauvage, mais qu'on n'a point encore domestiquée.

Toutes les volailles se vendent à bas prix, aussi bien dans l'intérieur que sur les côtes.

Lapins. — Jusqu'à présent les lapins ne sont élevés qu'exceptionnellement par les indigènes et seulement dans le massif central.

Quel est le gibier sauvage ? — Quels sont les animaux et les insectes dangereux ?

Dans la plupart des régions forestières on trouve des sangliers. Ils appartiennent à une espèce voisine des sangliers de l'Afrique australe ; ils sont roux et ont la tête plus forte que ceux d'Europe ; les autres, beaucoup plus rares, sont sensiblement plus petits.

Les makis ou lémuriens diurnes, qui sont très-nombreux dans les forêts, sont bons à manger ; leur chair ressemble à celle du lièvre. — Les tuer peut, dans certains districts, exposer le colon ou le voyageur à des difficultés avec les indigènes, à cause de superstitions locales.

Le tenrec, sorte de hérisson, gros comme un lapin, est excellent à manger quand il est tué dans le moment où il s'enfouit sous terre pour hiverner.

On trouve aussi des cailles, des canards, des sarcelles, des pintades, des ibis et de nombreux oiseaux aquatiques comestibles.

Le seul animal dangereux est le crocodile, qui abonde dans les lacs et dans la plupart des rivières. Encore n'a-t-on rien à craindre si on évite de se baigner dans les eaux où il est signalé.

Il n'existe pas de reptiles venimeux à Madagascar.

Parmi les animaux de plus petite taille, il faut noter une sangsue nommée dimatika, longue, tout au plus, de trois centimètres, qui vit sur les herbes mouillées de certaines forêts et de certains marécages ; elle pénètre sous les vêtements de ceux qui marchent dans ces herbes et leur fait des piqûres douloureuses. — Des népes ou scorpions aquatiques peuvent également occasionner des accidents si on les avale dans l'eau. On se mettra à l'abri en filtrant les eaux suspectes.

Les insectes les plus dangereux sont deux araignées, nommées foka et menavody, dont la piqûre est dangereuse ; elles sont d'ailleurs assez rares et vivent dans le bois en décomposition.

Les moustiques sont nombreux dans certaines régions, et particulièrement dans l'ouest. Les piqûres de ces insectes deviennent parfois dangereuses par leur nombre. Il est bon de s'en garantir par des moustiquaires.

Comment se construisent les habitations? Comment fait-on les murs et les couvertures des maisons ?

Suivant les régions, les habitations construites par les indigènes ou par les colons sont en bois ou en maçonnerie.

Dans l'Imerina, où le bois est rare et cher, les maisons sont en pisé de terre, en briques crues ou en briques cuites. Dans les deux premiers cas, les matériaux, qui résistent mal à l'humidité, sont recouverts extérieurement d'un enduit fait avec de l'argile rouge et de la bouse de vache. A l'intérieur, les murs et les plafonds reçoivent un enduit dans lequel il entre un peu de chaux.

Certaines parties des constructions, par exemple les soubassements, les appuis des fenêtres, les seuils, les colonnes soutenant les balcons extérieurs se font en granit. Cette pierre étant assez coûteuse, non à cause de sa rareté, mais par suite de la difficulté de la taille, on en limite autant que possible l'emploi dans les constructions.

Les maisons ont généralement un étage et ont des vérandas ou varangues, sur une ou plusieurs faces.

La couverture est en tuiles fabriquées dans le pays ou en chaume. Les tuiles sont lourdes, et, à cause de leurs formes irrégulières, laissent passer l'eau. La couverture en chaume, faite avec quatre ou cinq épaisseurs de claies de zozoro ou de herana (sorte de jonc) sont, au contraire, assez étanches, mais elles présentent des dangers au point de vue des incendies.

En dehors du massif central, partout où l'on trouve des arbres, les habitations des malgaches et des colons sont généralement en bois. En se servant des matériaux ligneux de chaque région et en perfectionnant un peu la construction indigène, les Européens peuvent élever, à peu de frais, des habitations suffisamment confortables.

Dans les régions insalubres, il est bon de faire des constructions avec un étage, afin d'y mettre les chambres à coucher. Le plancher du rez-de-chaussée doit être un peu surélevé au-dessus du sol, comme dans les cases indigènes, et une véranda, large d'au moins deux mètres, doit entourer l'habitation.

Dans les ports, par exemple à Tamatave, Mahanoro, Mananjary, etc., certaines constructions ont leurs parois et leurs couvertures en tôle. Cette matière ne convient que pour les magasins. Si on l'emploie pour une habitation proprement dite, il est indispensable, pour se préserver des coups de chaleur, de mettre une double paroi en bois à l'intérieur et d'établir un plafond à une certaine distance au-dessous de la toiture.

Sur la côte ouest, où on trouve du calcaire facile à travailler, il existe, particulièrement à Majunga, des maisons en maçonnerie construites à la mode arabe. Au point de vue de la protection contre la chaleur, ces habitations sont excellentes.

Quels sont les matériaux dont on dispose? — Trouve-t-on des ouvriers d'art indigènes et européens?

Dans l'Imerina, les matériaux sont le granit, le gneiss, le grès granitoïde, le pisé d'argile, les briques crues ou cuites, la chaux, — de mauvaise qualité et très-chère, — les tuiles, le bois, le fer. On trouve des ouvriers indigènes sachant travailler convenablement ces différentes matières; les plus habiles se payent 1 fr. 25 par jour.

Même à Tananarive, les ouvriers européens ont été jusqu'à présent en petit nombre; ils ne peuvent, en effet, lutter avec les Hovas, qui sont intelligents et très-adroits de leurs mains et se contentent d'un mince salaire.

Dans les autres parties de Madagascar, il faut généralement se contenter de bois, soit que la région ne comporte pas d'autres matériaux, soit, ce qui est le plus fréquent, qu'on ne trouve pas d'ouvriers sachant extraire et travailler ceux qui existent. Le perfectionnement des voies de communication amènera certainement, en peu de temps, de grands changements à ce point de vue.

L'alimentation est-elle facile? — Quelle est la base de la nourriture? — Y a-t-il de la viande de boucherie, du poisson, des légumes, des fruits? — Fait-on du pain? — Y a-t-il des vaches laitières? — L'eau est-elle bonne? — Quelle est la boisson en usage?

En général, l'alimentation est facile, mais dans certaines régions elle est peu variée.

Sous ce rapport, l'Imerina est actuellement la partie la plus favorisée, non à cause de la fertilité du sol, mais en raison de l'industrie des habitants. A Tananarive et dans les autres villes, on trouve toujours de la viande (bœuf, mouton, porc; pas de veau), de la volaille, du poisson provenant des fleuves ou des rizières, des fruits (oranges, ananas, citrons, mangues, bibanes, etc.), et la plupart des légumes d'Europe.

Dans les grands villages et dans les localités qui sont sur les routes fréquentées, on trouve aussi tous les jours de la viande de boucherie. Dans les autres, il faut se contenter habituellement de la volaille et de quelques fruits et légumes indigènes.

La base de la nourriture des Malgaches est le riz cuit à l'eau. S'il n'habite pas près d'un centre ou s'il ne peut faire cuire lui-même du pain, le colon doit aussi manger du riz, du manioc, des patates ou des songes. Jusqu'à présent, il n'y a eu de boulangers que dans les quelques villes ou habitaient beaucoup d'Européens.

Pour varier sa nourriture, le colon établi loin des centres devra avoir près de son habitation un potager. Même dans les régions les plus chaudes il pourra, en choisissant un terrain abrité, faire pousser beaucoup de légumes d'Europe. Pour certaines espèces, qui dégénèreront rapidement dans un milieu qui n'est pas le leur, il faudra tous les ans avoir de nouvelles semences.

Dans l'Imerina et dans tout l'ouest, on trouve assez aisément du lait et même du beurre et du fromage. Ailleurs, il est le plus souvent impossible de s'en procurer. Les vaches produisent relativement peu de lait et les Malgaches, sauf ceux de l'ouest, n'ont pas l'habitude de les traire.

D'une manière générale, les eaux courantes sont bonnes et les eaux stagnantes mauvaises. C'est une bonne précaution de filtrer ces dernières et surtout de les faire bouillir. Une boisson à recommander est le thé léger. Il est fait forcément avec de l'eau bouillante et, de plus, il est tonique.

A défaut de thé on peut, à l'exemple des indigènes, boire le ranon'ampango. C'est de l'eau bouillie dans une marmite ayant des restes de riz collés aux parois et à demi-carbonisés qui la purifient.

Le colon fera bien de boire un peu de vin. Malheureusement, dans l'intérieur, il se vend à un prix élevé, à cause des frais de transport, et de plus il est souvent de qualité médiocre.

Quelle est la dépense journalière moyenne par personne vivant modestement ?

A Tananarive, un Européen ne mangeant pas de pain, mais du riz, et ne buvant pas de vin, peut vivre très-convenablement en dépensant 70 à 80 centimes pour sa nourriture. Cette dépense peut même s'abaisser sensiblement pour plusieurs personnes vivant ensemble.

Il est à présumer qu'après l'expédition un afflux sensible de population européenne fera un peu monter le prix de la nourriture. Le même résultat sera amené par l'augmentation des facilités de communication ; les produits ne seront plus forcément consommés sur place comme par le passé.

La dépense journalière moyenne peut beaucoup varier suivant les régions. A Tamatave, à Majunga, elle est beaucoup plus élevée que dans l'Imerina et peut être évaluée à au moins au double. Dans d'autres points, au contraire, si on se contente de ce que produit le pays, on ne dépensera que quelques sous par jour.

Quel est le climat de Madagascar? — En quelles périodes se divise l'année? — Climat de certains points?

Il n'y a pas qu'un climat à Madagascar, il y en a beaucoup. Peu de pays d'égale étendue offrent des contrastes aussi grands.

A Nossy-Bé, à Tamatave, sur la côte orientale, il tombe annuellement deux à trois mètres d'eau. A la côte sud-ouest, au contraire, chez les Antandroy, chez les Mahafaly, il y a des années de sécheresse où il ne pleut pas une seule fois.

A la côte, sur beaucoup de points, le thermomètre ne descend jamais au-dessous de 18° à 20° au-dessous de zéro et, au milieu du jour, d'un bout de l'année à l'autre, il fait une trentaine de degrés de chaleur.

Dans l'Ankaratra, le massif le plus élevé de l'île qui est situé au sud de Tananarive, on a vu exceptionnellement il est vrai, des couches de glace de plus d'un centimètre.

Entre ces extrêmes de sécheresse et d'humidité, de froid et de chaleur, les climats malgaches s'étagent et se différencient à l'infini.

D'une façon générale, on ne peut établir qu'une seule règle générale qui s'applique à tous. Dans tout Madagascar, l'année se divise en deux saisons, qui sont plus ou moins nettement marquées, l'été et l'hiver.

Comme Madagascar se trouve dans l'hémisphère sud, son hiver correspond naturellement à notre été et son été à notre hiver. L'hiver, ou la saison la plus fraîche, comprend les mois de mai à octobre. L'été, ou la saison la plus chaude, comprend de novembre à avril.

Ce n'est pas, comme en Europe, la différence de température, quoiqu'elle soit toujours plus ou moins marquée, mais surtout la différence d'humidité qui distingue ces deux saisons.

La saison chaude est appelée justement la saison des pluies.

L'air, chargé d'humidité, rend alors la chaleur plus accablante ; c'est à ce moment que tombent les pluies tropicales, qui sont bien plus abondantes que les nôtres. Les arbres et les plantes reverdissent et refleurissent ; la saison des pluies, comme notre printemps, amène un renouveau.

Dans l'hiver, ou saison sèche, les pluies sont plus rares et même, dans beaucoup de régions, elles sont tout à fait absentes. La terre, surtout aux mois d'août et de septembre, est aride, durcie, les plantes et les herbes sont jaunies et grillées, les arbres à feuilles caduques sont complètement dépouillés. Cette saison fraîche et sèche est la meilleure pour l'Européen, la plus saine.

Mais ces vagues généralités s'appliquent à peu près à toutes les régions tropicales. Entrons dans le détail des climats malgaches et commençons par celui de :

Tamatave. — C'est l'un des plus mauvais de l'île, car il est de beaucoup le plus humide ; il tombe à Tamatave trois mètres d'eau par an. L'hiver et l'été y sont bien moins distincts que dans le reste de l'île.

En été souffle fréquemment un vent de nord-est, particulièrement humide et étouffant. C'est en général à ce moment que la pluie tombe avec plus de fréquence et d'abondance, que la température est la plus élevée et la plus pénible. Le thermomètre marque 30° à 32° à l'ombre au milieu du jour et ne descend pas la nuit au-dessous de 20°.

Mais l'hiver lui-même, quoique les vents soufflent d'un autre point de l'horizon, du sud-est, est à peine moins humide et moins chaud. Les pluies sont fréquentes et la température oscille de 18° à 28°.

En somme, à Tamatave, il pleut toute l'année et la température est toujours élevée.

Ce climat énervant règne sur la plus grande partie de la côte est et même sur quelques points de la côte sud-ouest, dans notre colonie de Nossy-Bé, par exemple. Partout où il règne, une végétation puissante se développe ; ce sont des forêts impénétrables, remplies de mousses, d'orchidées, de plantes auxquelles une grande humidité est indispensable ; de ces forêts, coupées de fondrières et de marécages s'élèvent des exhalaisons pestilentielles. C'est le domaine de la fièvre, d'autant plus que le long de la côte est, jusqu'au-delà de Tamatave, un chapelet de lagunes borde la forêt, et que leur eau saumâtre et croupissante, chauffée, vaporisée par le soleil des tropiques, ajoute à l'insalubité générale de la région.

Il est curieux que les Européens et les créoles aient été de tout temps attirés par les régions malsaines dont, il est vrai, la végétation est exubérante. Tamatave est de beaucoup l'agglomération de blancs, et surtout de commerçants, la plus importante de Madagascar.

Disons toutefois que si ce climat est malsain, il n'est pas d'ordinaire mortel. Il n'y a pas de maladies foudroyantes comme dans d'autres pays tropicaux. Pas de fièvres jaunes comme au Brésil. La dyssenterie, si redoutée en Indo-Chine, est extrêmement rare, malgré un récent et bien triste exemple, qu'il ne faudrait pas ériger en règle générale. La fièvre elle-même prend bien rarement la forme bilieuse hématurique sous laquelle elle se présente au Sénégal.

La fièvre malgache n'est pas violente, elle est redoutable par le retour périodique de ses accès ; elle mine l'organisme, elle anémie à la longue le colon qui est trop souvent imprudent et ne se conforme pas aux règles d'une saine hygiène et finit par le livrer sans défense à la première maladie qui passe.

On peut cependant s'en défendre avec des précautions, en menant une vie sage et régulière et s'abstenant de tout excès ; il n'est pas rare, en effet, d'y rencontrer des Européens, de vieux colons, qui ont passé de vingt à trente ans de leur existence sous ce climat pourtant franchement malsain si on le compare à d'autres climats malgaches.

Majunga. — Le climat d'une grande partie de la côte ouest est déjà meilleur. La chaleur y est toujours très forte ; on y a de 20° à 30° toute l'année (20° la nuit et 30° le jour).

Mais l'humidité est moindre ; pendant six mois de l'année il ne tombe pas une goutte d'eau. Il est vrai que pendant les six autres mois il en tombe un peu plus d'un mètre, et que les marais saumâtres, les vases mal consolidées par une végétation de palétuviers qui abondent sur la côte, exhalent, comme à la côte est, la fièvre malgache.

Le sud. — A mesure qu'on descend vers le sud, les pluies deviennent de moins en moins abondantes. Le sud-ouest, c'est-à-dire les côtes Fiherenana, Mahafaly et Androy, sont saines. Il y souffle pendant presque toute l'année de grands vents du sud, qui ont passé par-dessus des mers plus froides et qui rafraîchissent l'atmosphère. Si le thermomètre monte encore à 30° le jour, il n'est pas rare de le voir descendre pendant la nuit à 15, 14, 13°.

Les pluies tombent aux mois de décembre, janvier, février, mais peu abondantes, 30 à 40 centimètres à Nossy-Vé. La fièvre n'a donc pas dans le sud-ouest son principal aliment, l'humidité ; aussi, l'état sanitaire de la petite colonie de Nossy-Vé est-il bon.

Il est vrai que le colon européen ne demande pas seulement au climat où il se fixe la salubrité ; il lui demande aussi la fertilité. Or, ce que l'absence d'humidité fait gagner au sud-ouest en salubrité, il est incontestable qu'elle le lui enlève en fertilité. Les côtes Malahafy n'ont qu'une pauvre végétation d'arbustes rabougris et épineux ; l'eau y est si rare qu'en certains points elle s'achète.

Fort-Dauphin mérite une mention spéciale sur tout le parcours des côtes malgaches. Il est moins malsain que le reste de la côte est, et il a la fraîcheur relative de Nossy-Vé. Mais il doit aux très-hautes montagnes qui l'avoisinent un supplément d'humidité dont bénéficie, nous ne dirons pas encore l'agriculture, mais du moins la végétation.

Intérieur. — Mais ce n'est pas sur les côtes que les colons trouveront, à Madagascar, le climat le plus favorable ; c'est dans l'intérieur, à Tananarive, à Fianarantsoa. Là, la température descend, en hiver, de 6 à 8 degrés au-dessus de zéro pendant la nuit. Dans l'Ankarantra même, le point de congélation est quelquefois atteint. C'est dans cette région seulement que l'Européen, à Madagascar, peut retrouver la sensation du froid. A Tananarive, on porte des vêtements de drap.

Les pluies y tombent de novembre en avril, 1 mètre à 1 m. 70 par an.

La fièvre y est à peu près inconnue, et les Européens, les Français de Tananarive comparent le climat dont ils jouissent à celui de Nice.

Au strict point de vue du climat, c'est incontestablement l'Imerina et le Betsileo, Tananarive et Fianarantsoa, où les Européens trouveront les conditions les plus favorables à leur établissement.

Tous les genres de commerce ayant trait aux objets d'entretien journaliers et de luxe usités en Europe sont-ils déjà exploités dans le pays ? ou bien, en l'absence jusqu'ici de vendeurs de ces articles, pourrait-on faire des affaires en vendant, par exemple, de l'article de Paris, de la parfumerie, des rubans, de la dentelle, des armes, de la mercerie, de la quincaillerie ?

On trouve à Madagascar tous les articles ci-dessus mentionnés, dans les grands centres, près des maisons européennes et américaines ; dans l'intérieur de l'île, chez des revendeurs qui s'approvisionnent auprès des premières.

Les toiles de coton et les indiennes figurent en première ligne et pour un chiffre très-important dans les objets d'importation et servent aux indigènes pour leurs vêtements. Ces toiles viennent d'Amérique ; des maisons françaises et anglaises ont introduit des imitations assez réussies de ces étoffes prisées par-dessus tout par les indigènes, mais elles soutiennent difficilement la concurrence de l'Amérique. Si nos filateurs arrivent à fabriquer un article analogue, à bon marché, ils trouveront, à Madagascar, un débouché assuré et important.

Les maisons établies dans l'île dont nous venons de parler suffiraient amplement aux besoins du commerce et de la consommation. Le développement des affaires dépendra du nombre des colons qui se rendront à Madagascar à la fin des hostilités, et des besoins que le contact des blancs contribuera à créer chez l'indigène. Mais il faudra, dans le commencement du moins, agir avec beaucoup de circonspection, si l'on veut éviter des déboires.

Faut-il compter sur des affaires avec les indigènes, et ceux-ci sont-ils riches? — ou bien uniquement avec les Européens?

Ainsi que nous venons de le dire dans la précédente réponse, les indigènes sont pour les maisons d'importation d'excellents clients pour les toiles. Ils consomment encore du rhum, du vin, des spiritueux, des conserves, du sel, de la quincaillerie, des faïences, du savon, des meubles, des marmites, etc. La consommation de ces articles et de beaucoup d'autres encore s'augmentera quand la sécurité régnera dans le pays, que l'indigène pourra amasser en toute sécurité et donner libre cours à son esprit d'imitation que la présence de nombreux blancs développera certainement. Quelque-uns sont déjà riches, et, dans la classe noble, beaucoup de Malgaches se conforment à nos habitudes. Toutefois, l'ensemble de la population est extrêmement pauvre.

Mais la population européenne, assez nombreuse à Tamatave, absorbait la majeure partie des objets importés.

La Chambre adopte ce rapport à l'unanimité et décide qu'il sera imprimé et adressé à M. le Ministre du commerce, de l'industrie, des postes et des télégraphes, aux sénateurs et députés de la Nièvre et à toutes les Chambres de commerce.

Pour copie conforme :

Le Président de la Chambre de commerce,

E. MAGNARD.

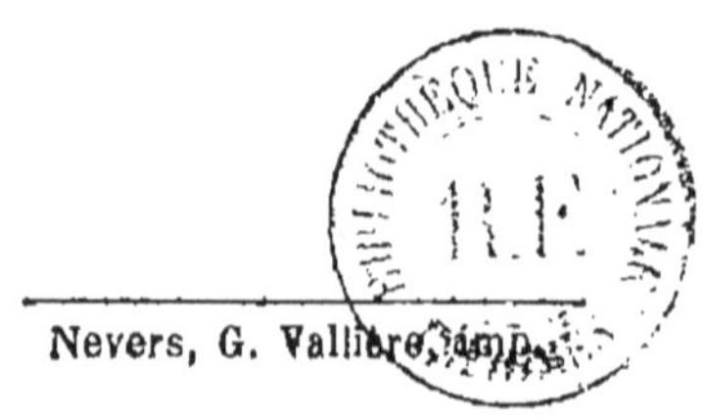